# Noah

APULEYO EDICIONES   FOMENTO DE VALORES   CUENTOS ILUSTRADOS

**Bienvenidos y bienvenidas** al maravilloso mundo del cuento ilustrado.
**Apuleyo Ediciones** desea a todos los niños y niñas una feliz lectura
que inspire vidas y llene de valores sus sueños.

¡Comenzamos!

# INHALA Y EXHALA MAGIA

*Cuento para ayudar a los niños y niñas a gestionar mejor la emoción de la frustración.*

Noah es una niña de 7 años que vive en una pequeña aldea de los fiordos noruegos.

Un día, junto al colegio, hicieron una acampada en plena bonita naturaleza.

La primera noche, cuando cayó el sol y era hora de ir a dormir, Noah se enfadó mucho con su compañera Greta porque no paraba de molestarla desde que llegaron a aquel paraíso hibernal.

Entonces, cuando Noah estaba a punto de explotar de rabia, divisó en el cielo una aurora boreal, pero era muy diferente a las que había visto hasta ahora. Esta era de vistosos colores como los del arcoíris, con una curiosa purpurina mágica flotante.

Noah quedó anonadada ante aquella imagen tan bella y se acercó sigilosamente hacia su creador.

Divisó entre los nevados abetos un majestuoso arce llamado Snow, al cual le faltaba una parte de su frondosa cornamenta.

Noah, apenada, le preguntó por lo ocurrido.

Snow le explicó que él antes era diferente a ahora. Cuando tenía un problema o se enfadaba, reaccionaba de manera explosiva.

Se peleaba y hacía daño a su alrededor. Pero eso no le generaba bienestar, luego se sentía culpable y muy triste.

Hasta que un día, después de una pelea con otro alce, se le acercó Ulloo. Ulloo era un viejo búho sabio que vivía en los abetos más altos de aquella montaña.

Le explicó una leyenda india que le ayudaría a poder canalizar el enfado, y, entre los dos, encontraron un recurso que le ayudaría a poner solución a tantos momentos de malestar.

La palabra Ulloo significa sabio en indio. Pues Ulloo, a parte de ser sabio, era mago y empezó a hacer que nevara. Pero era una nieve diferente, esta era mágica...

Le pidió a Snow que pensara en aquello que le había hecho enfadar tanto antes, y, que a medida que caían los copos de nieve del cielo, intentara inhalarlos por la boca, respirando y exhalando ese aire frío por la nariz.

De repente, los copos de nieve adquirieron múltiples colores, haciendo que, en cada exhalación de calma de Snow, el cielo cobrara luz y color.

Al cabo de un rato, el cielo se cubrió de una magnífica aurora boreal multicolor, brillante como la purpurina.

Ulloo le pidió a Snow que, cuando estuviera más tranquilo, se podía estirar en el suelo y contemplar aquel escenario mágico a la vez que seguía respirando. Entraba en un estado profundo de calma, paz y serenidad.

A partir de aquel día, y gracias a las sabias palabras de Ulloo, Snow aprendió a gestionar mejor su enfado y su vida empezó a cambiar para mejor, se sentía más feliz.

Noah, que escuchaba muy atenta las palabras de Snow, quedó impresionada por aquella bonita historia y se propuso utilizar aquella relajación a partir de aquel día, cuando la emoción desagradable del enfado se empezaba a apoderar de ella.

Así es como Noah aprendió que hay muchas situaciones en la vida que nos generan emociones desagradables y que no podemos controlar, pero que sí que podemos hacer algo para gestionar mejor ese malestar que nos produce.

También aprendió una gran lección, y es que, al igual que la nieve tiene una forma original como sucede con nuestras emociones, estas pueden cambiar como cuando cambia nuestro estado de ánimo y todo fluye mágicamente, como sucede cuando contemplamos en el cielo la aurora boreal, y nos sentimos en paz.

FIN

© Laura Betés López (de la obra)
©Apuleyo Ediciones (de esta edición)
Primera edición en Apuleyo Ediciones: enero 2024
Diseño de cubierta: Sofía Corzo González
Corrección: Lorena Maestre Gregori
Maquetación: Domingo Carrasco Martín
Ilustraciones: Marina Tarragó Miquel
Coordinación editorial: Isidoro Cidre González
info@apuleyoediciones.com
www.apuleyoediciones.com
ISBN: 978-84-1060-031-7
Depósito legal: H 636-2023

Hecho e impreso en España.

# LAURA BETÉS
# MARINA TARRAGÓ

APULEYO EDICIONES    FOMENTO DE VALORES    CUENTOS ILUSTRADOS